AF385175

SOLUTION

DES

PROBLÈMES JUDICIAIRES

En matière de législation minière

ET

MODIFICATIONS PROPOSÉES A LA LOI DU 21 AVRIL 1810

sur les Mines

PRÉCÉDÉES ET SUIVIES DES DOCUMENTS

ATTESTANT

LES SERVICES DÉJA RENDUS A LA JUSTICE ET A LA SOCIÉTÉ

EN FRANCE ET EN BELGIQUE

PAR M. Pierre REY

Auteur du *Traité de la propriété des mines*, 2 vol. publiés en 1855, *et du Commentaire de la loi du 21 Avril 1810*, publié en 1870.

« EN FRANCE, les mines *viennent de naître*, pour ainsi dire ; les questions légales que soulève leur existence *ont été peu* ÉTUDIÉES, cependant *leur prospérité* importe beaucoup au pays tout entier et elles ne peuvent prospérer que si *leurs droits* SONT BIEN DÉFINIS. »

« Aussi, les hommes qui tendent à ce but, rendent à notre pays des services inestimables. »

ARNOUX, *ingénieur au corps national des mines (1856).*

LYON

M. GLAIRON-MONDET
libraire, place Bellecour

M. METON
libraire, rue de Lyon

1876

LÉGISLATION DES MINES

OPINION

De Monsieur LE ROYER, ancien Procureur général, Sénateur, sur les services rendus à la justice et à l'intérêt public par les réformes dues à l'initiative de M. Rey, en matière de législation minière.

Contrairement à l'opinion générale, la Cour de Cassation, par arrêt du 23 juillet 1862, rendu toutes Chambres réunies, a enfin résolument abordé une théorie nouvelle sur la loi du 21 avril 1810, théorie du *droit de servitude des mines*, que dans un récent travail nous avions examinée et cherché à justifier, et qui est due aux études d'un modeste et persévérant jurisconsulte, M. Rey, suppléant à la justice de paix de Chalon-sur-Saône, ancien avoué et directeur du contentieux de grandes sociétés de mines, entre autres du Creusot.

Avant la publication des livres de M. Rey sur la propriété des mines, deux thèses se disputaient, avec des alternatives de succès et de défaites, les suffrages des tribunaux.

L'une, originaire de la Belgique, consistait à dire que les bases de l'indemnité fixées par les art. 43 et 44 de la loi s'appliquaient au fait d'occupation du terrain de la surface et encore aux dégâts qui pouvaient être la suite de cette occupation; mais que le droit commun seul devait régler la réparation de dommage occasionné à la surface par les travaux intérieurs de l'exploitation.

Il était facile de voir ce qu'il y avait d'*illogique* dans cette thèse; si, en effet, les bases de dédommagement fixées par les art. 43 et 44 de la loi de 1810 étaient applicables aux dégâts suite de l'occupation, pourquoi n'en serait-il pas de même pour les dommages survenus à la surface, par suite des travaux intérieurs ?

La seconde thèse, en respectant davantage la *logique et l'équité*, affirmait qu'à mêmes effets devait correspondre mêmes réparations, et en conséquence elle appliquait aux dommages, sans distinction d'origine, les prescriptions des art. 43 et 44.

D'autre part, on était généralement d'accord que ces articles accordaient une *indemnité double* lorsqu'il s'agissait d'un fait d'occupation ou de dégâts causés par cette occupation, et la discussion devant les tribunaux ne portait que sur la distinction de dommages admise en Belgique, repoussée par la Cour de Cassation de France, et les Cours Impériales n'avaient pas une jurisprudence bien arrêtée.

C'est au milieu de ce conflit que M. Rey présenta une *troisième thèse*, qu'il survint et dit : l'une et l'autre des deux thèses soutenues jusqu'ici sont proscrites par la loi de 1810, parce que cette loi, admirable dans ses principes, est conséquente dans toutes ses déductions; c'est un tout qui s'enchaîne dans ses détails, avec une merveilleuse logique.

Le droit d'occupation, octroyé aux propriétaires de mines, est une servitude légale établie sur la surface du sol, au profit de la propriété souterraine; l'exercice de ce droit *est limité* par l'art. 11 qui désigne les lieux et les terrains *exclus de la servitude*, et les conditions en *sont déterminées* par les articles 43 et 44, dont les bases admises ne sont en réalité que le prix de l'occupation, *un fermage* fixé en raison de la création de la *servitude légale*, lorsque l'achat du terrain occupé ne peut être ou n'est pas exigé; mais là s'arrête l'effet des art. 43 et 44.

Si des dommages sont causés à la propriété de la surface par l'occupation, *ils sont réglés par le droit commun*, car ils constituent un quasi-délit; la loi spéciale n'a rien innové en cette matière.

Si cela est vrai, pour cette première sorte de dommages, cela est, *a fortiori*, vrai pour les avaries occasionnées à la surface par les travaux souterrains.

M. Rey a surtout fait remarquer que les art. 43 et 44 n'ont pas pour objet d'accorder une *indemnité double* et qu'il ne s'agit, dans ces articles, que d'une *indemnité simple*, établie sur une base *à forfait*.

C'est cette double théorie neuve et comme telle suspecte aux idées acceptées depuis *cinquante années*, que les Chambres réunies de la Cour de Cassation ont admise dans l'arrêt du 23 juillet 1862.

Cet arrêt remarquable et qui opère une véritable *révolution* dans la jurisprudence se signale à l'attention des jurisconsultes et des magistrats, non-seulement par sa solution, mais principalement par le principe qui lui sert de base et par les conséquences qui en *seront la déduction* logique et nécessaire.

La Cour Suprême déclare, en effet, en termes formels, que les art. 43 et 44 de la loi de 1810, constituent une dérogation au droit commun, justifiée par la création d'un droit de servitude exorbitant, dont la propriété superficielle a été grevée en vue de l'*intérêt général*.

C'est le droit de servitude, qui sue de tous les pores de la loi de 1810; que l'on avait méconnu ou laissé dans l'ombre, devant la qualification duquel on reculait et pour lequel M. Rey a courageusement combattu si longtemps, la Cour de Cassation, toutes Chambres réunies, vient de l'admettre.

Les conséquences de cette nouvelle jurisprudence et de ce principe *régénéreront* la loi de 1810, non-seulement sur l'application des art. 43 et 44, mais aussi sur celle de l'art 11, en entraînant forcément pour le propriétaire de la surface du sol, l'impossibilité, une fois le décret de la concession de la mine promulgué, affiché et publié dans les communes sur lesquelles s'étend la concession, de changer cette surface d'une *façon aggravante* pour le propriétaire de la mine, et cela en vertu du principe de l'art. 701 du Code Napoléon.

Cet article dispose que le propriétaire du fonds, débiteur de la servitude, ne peut rien faire qui tende à en *diminuer l'usage* ou à la rendre *plus incommode*.

Déjà, et par deux arrêts, la Cour impériale de Dijon, avec une incontestable énergie, avait, *en adoptant* la théorie de M. Rey, rompu avec l'erreur et qualifié l'indemnité due, au cas d'occupation de la surface, en vertu de la servitude légale, *de forfait* dont les bases se trouvaient indiquées dans les art. 43 et 44.

Mais, effrayée de se trouver presque isolée dans ses luttes contre la Cour de Cassation, elle avait senti faiblir son courage et était revenue à la doctrine aujourd'hui condamnée.

Maintenant que la Cour Suprême a franchi le Rubicon, il faut rendre cette justice à la Cour de Dijon, qu'une des premières, par sa protestation, elle avait tracé à la Cour de Cassation la voie qu'elle devait suivre pour rendre hommage à la vérité et consacrer la saine entente de la loi de 1810.

La question que vient de trancher l'arrêt solennel du 23 juillet 1862 est tellement *importante* pour l'industrie et les propriétés houillères (plus d'indemnités *doublées* pour dégâts commis à la surface) que les intéressés avaient à rendre un hommage mérité à M. Rey, celui qui a si vaillamment combattu *depuis quinze ans* pour faire luire la lumière et ouvrir sur la loi de 1810 des horizons inaperçus jusqu'à lui.

C'est dans les livres publiés par M. Rey, dans ses opuscules, dans ses mémoires que soit M. le Conseiller-Rapporteur, soit M. l'Avocat-Général ont puisé les moyens à l'aide desquels les Chambres réunies de la Cour de Cassation ont changé l'ancienne jurisprudence.

M. Rey est *intervenu officieusement* devant la Cour Suprême, il a donné de sa personne et de sa plume; c'est lui qui a posé la *véritable question* désertée par la Compagnie des mines de la Loire, qui repoussait la *théorie du forfait.*

Cependant, sans cette théorie, ainsi qu'on peut le voir dans le rapport de M. le Conseiller Meynard de Franc et surtout dans les conclusions de M. le premier Avocat-Général de Raynal, la Compagnie des mines de la Loire *perdait son procès,* (1) et la fausse interprétation donnée à la loi de 1810, rendait cette loi *inexécutable* sur les art. 43 et 44, comme elle l'est déjà sur l'art. 11.

Le service rendu par M. Rey *est immense;* non-seulement il *simplifie et facilite* l'œuvre de la justice, mais

---

(1) Elle eut payé 172,000 francs, double prix d'une propriété estimée 86,000 francs, tandis qu'elle n'a payé que la simple réparation des dégâts causés. (Voir le rapport et les conclusions, pages 68 à 98, du Commentaire de la loi de 1810, publié par M. Rey, en 1870).

il *définit* la propriété des mines et *détermine* les droits de celle-ci sur la propriété de la surface du sol.

Ce qui nous étonne et nous afflige, nous qui, depuis quinze ans, assistons aux efforts de ce jurisconsulte, confident de ses déboires, de ses espérances dans la campagne *laborieuse et ingrate* qu'il a entreprise, c'est *le silence* que les arrêtistes et les comptes-rendus des journaux judiciaires ont gardé sur la large part qui revient à M. Rey dans la théorie admise par la Cour de Cassation.

Nous avons été particulièrement frappé de cette lacune dans l'article qui a été publié par un éminent arrêtiste (M. Dalloz, député), dans le *Moniteur* du 11 août 1862, lorsqu'il nous souvient qu'il adressait, il y a quelques années, en 1856, à M. Rey les lignes suivantes:

« Des travaux comme les vôtres, fondés sur cette expérience
« de chaque jour qui amène les convictions *fortes* et *persévé-*
« *rantes*, honorent la science : ils ont droit, dès lors, à un
« examen *attentif* et *bienveillant...*

« J'ai pu apprécier l'ordre d'idées, la logique serrée, qui ont
« présidé à la rédaction de votre livre, La question **du statu**
« **quo**, celle relative à la **compétence**, m'ont paru traitées
« d'une manière complètes et m'ont fort intéressé.

« Je regarde, dès à présent, pour moi **comme un devoir**
« et j'ajouterai *un plaisir* de parler comme il convient de le faire
« d'un **travail consciencieux**, élaboré dans des conditions
« si honorables pour son auteur.

« Pourquoi faut-il que de tels ouvrages , qui ne s'adressent
« qu'à un petit nombre de lecteurs, soient en général peu profi-
» tables à ceux qui y consacrent tant de veilles ? L'opinion publi-
« que *leu doit* AU MOINS **un dédommagement.**

« Je vais rappeler au ministre que je lui ait demandé pour vous,
« pour vos **travaux si méritoires**, la Croix d'honneur. »

Espérons que, dans son recueil, l'arrêtiste réparera son involontaire oubli.

Nous devons l'espérer, en présence des paroles prononcées devant la première magistrature de France par l'éminent Rapporteur, qui a déclaré que ce serait manquer à une partie de sa tâche, que de pas rappeler une doctrine qui marche résolûment à **la conquête de la jurisprudence.**

Et après avoir accordé des éloges au courage de M. Rey et à ses travaux, et exposé sommairement la théorie du droit de servitude et de l'indemnité à forfait, ce magistrat ajouta :

« Cet aperçu d'un *système* **élevé** et poursuivi avec autant de » *conviction* que de *persévérance* , suffit au besoin de la » cause...! »

Nous nous demandons si, après cela, il est possible d'ignorer que M. Rey a travaillé, *lui seul*, pendant longtemps au triomphe de la loi, *dans l'intérêt général.*

Lorsqu'un auteur, animé d'un amour dévoué pour la science, parvient à *détruire l'erreur*, sa récompense la plus douce, c'est un hommage public rendu à ses travaux, devoir de ceux qui *héritent de ses enseignements et de ses doctrines*. Aussi, du haut de son siége, M. le Conseiller rapporteur n'a pas manqué de reporter à M. Rey *l'honneur de la théorie neuve qu'il développait.*

Avec l'autorité unique, mais suffisante de la justice et de la vérité, nous répéterons, après la magistrature de la Cour de Cassation, que c'est à M. Rey que l'on doit la *véritable intelligence* de la loi de 1810, et, sans crainte de nous tromper, que le *triomphe de sa théorie,* en entier, sortira du germe déposé dans l'arrêt du 23 juillet 1862.

Signé : E. Le Royer.

Lyon, le 8 septembre 1862.

L'appréciation émise par M. Le Royer, en 1862, sur l'im-portance des travaux de M. Rey, et le succès qu'ils ont obtenu a trouvé un écho, en 1875, dans le sein même de la cour de cassation.

Le second des deux opuscules imprimés à la suite du commentaire de M. Rey, fait connaître, page 11 et 12, l'opinion non moins élogieuse exprimée par trois des plus éminents magistrats de cette cour; ils attestent, en effet, que les ouvrages de cet auteur ont rendu de grands services aux hommes de science et à la jurisprudence, et qu'eux-mêmes y ont puisé d'utiles secours pour interpréter la législation minière, ajoutant qu'il a **éminemment** *et dignement* mérité la croix d'honneur.

On voit que la première magistrature de France reconnaît que les travaux de M. Rey méritent une haute récompense.

Le premier opuscule donne, page 12 et suivantes, la formule précise des modifications proposées à la sollicitude du législateur pour rétablir le vrai sens de la loi de 1810, empêcher la *spoliation* des propriétaires de terrains miniers, expropriés au tréfonds et grevés d'une servitude à la surface à leur insu et faire cesser bien d'autres abus, surtout la surélévation excessive des prix de la houille.

La législation minière est si peu connue en France, que la cour de cassation elle-même a consacré, dans un arrêt solennel du 19 mai 1856, une interprétation de la loi de 1810 absolument contradictoire à celle de l'arrêt solennel de 1862, et surtout funeste en ce qu'elle a pour effet de *multiplier* les chances d'accidents par l'insuffisance des puits d'aérage.

Lyon, le 1er juin 1876.

PRINCIPES D'INTERPRÉTATION

DE LA

LOI DU 21 AVRIL 1810 SUR LES MINES

ET

MODIFICATIONS PROPOSÉES A CETTE LOI

La Cour d'appel de Lyon vient de rendre (le 21 mai 1874) un arrêt qui prouve une fois de plus que la loi du 21 avril 1810 sur les mines n'est suffisamment connue ni *des avocats* qui l'interprètent, ni *des magistrats* qui l'appliquent ; elle n'est pas même suffisamment connue *de l'administration des mines,* chargée de la faire exécuter, ni *des professeurs* qui doivent l'enseigner ; l'on peut même dire que, depuis plus d'un demi-siècle, sans qu'on s'en doute, l'ignorance règne en France en matière de mines.

En général, on n'a jamais bien compris l'importance de la loi, de 1810, ni les graves modifications que la concession d'une mine apporte à la propriété du sol.

On croit que la propriété perpétuelle d'une mine ne comprend que la *matière minérale,* dont l'exploitation est subordonnée aux caprices ou au consentement du propriétaire du sol, qui en profite pour imposer des *conventions illicites* à l'exploitant, au préjudice de l'intérêt public, et l'on ignore :

1º Que la concession d'une mine *sépare horizontalement la terre* en deux propriétés distinctes, pouvant appartenir à deux maîtres, et sur lesquelles des hypothèques peuvent être assises comme sur les autres propriétés *immobilières* (art. 19, 20 et 21) ;

2º Que la propriété minière se compose du *terrain tréfoncier,* détaché du sol et concédé à *perpétuité,* moyennant une indemnité *réglée par l'acte de concession* (art. 6, 7, 12, 18 et 42) ;

3º Que la propriété de la surface de la mine est grevée d'une *servitude perpétuelle,* dans toute l'étendue du périmètre concédé, sauf les réserves accordées au propriétaire du sol et moyennant une autre indemnité *réglée par la loi* (art. 8, 11, 43 et 44).

On ignore aussi que la houille doit être exploitée selon les besoins des consommateurs « *par les moyens* LES PLUS ÉCONO- MIQUES » (art. 49 et § 11 de l'instruction du 3 août 1810).

Par suite de l'ignorance de tous ces principes, toutes les dis- positions de la loi sont *inintelligibles;* on ne voit pas que l'article 11 ne *limite* que la servitude des mines sur la surface, en désignant les lieux où elle ne peut être exercée sans le consen- tement du propriétaire, et que les articles 43 et 44 ne fixent que l'indemnité de cette servitude sur une *base à forfait*, et protégent ainsi les exploitants contre les indemnités à dire d'experts qui pourraient rendre impossible l'exploitation des mines.

Pour bien comprendre la loi de 1810, il faut prendre pour point de départ ce principe, que le propriétaire du sol est non-seulement EXPROPRIÉ *au tréfonds,* moyennant indemnité accordée par l'acte de concession, mais GREVÉ *d'une dure servitude* à la surface, dans toute l'étendue du périmètre concédé, *sous les restrictions* portées par l'article 11 et moyennant l'indemnité réglée par les articles 43 et 44.

La Cour de Lyon, se conformant à la jurisprudence de la Cour de cassation, a, en vertu de l'article 11 et sur la demande d'un voisin, ordonné, par son arrêt du 21 mai 1874, la suppression de l'ouverture d'un puits, pratiqué par le propriétaire, chez lui, dans son propre terrain, parce que cette ouverture était à moins de 100 mètres de distance du mur de la clôture du voisin.

Ainsi, tous puits *d'exploitation, d'aérage* et *de sauvetage* sont interdits à moins de 100 mètres de distance des enclos ou habitations de tous les voisins, sans leur consentement.

C'est là, non-seulement une erreur inconcevable, qui fait obstacle aux *mesures de sûreté* que prescrit la science pour faciliter l'exploitation des mines et sauvegarder *la vie des mineurs*, mais une *violation flagrante* du droit que l'article 552 du code civil confère à tout propriétaire.

Le droit de recherches du propriétaire lui est confirmé par la loi de 1810, elle-même, où nous lisons :

ART. 10. — Nul ne peut faire des recherches pour découvrir des mines, enfoncer des sondes ou tarières sur un terrain qui ne lui appartient pas, que du *consentement du propriétaire* de la surface, ou avec l'autorisation du Gouvernement, à la charge d'une indemnité *envers le propriétaire*...

Art. 11. — Nulle permission de recherches ni concession de mine ne pourra, sans le consentement formel *du propriétaire de la surface*, donner le droit de faire des sondes et d'ouvrir des puits ou galeries, ni celui d'établir des machines ou magasins dans les enclos murés, cours ou jardins, ni dans les terrains attenant aux habitations ou clôtures murées, dans la distance de 100 mètres desdites clôtures.

Cet article 11, on le voit, n'exige que le consentement du *propriétaire de la surface,* et l'article 12 ci-après accorde au propriétaire la faculté d'ouvrir des puits chez lui, même dans les lieux réservés par l'article 11.

Art. 12. — Le propriétaire pourra faire des recherches, sans formalités préalables, *dans les lieux réservés par le précédent article*, comme dans les autres parties de sa propriété ; mais il sera obligé d'obtenir une concession avant d'y établir une exploitation. — Dans aucun cas, les recherches ne pourront être autorisées *dans un terrain* DÉJA CONCÉDÉ.

Le propriétaire du sol est donc maintenu dans le droit de faire des recherches chez lui, ou même de les permettre ; dès lors, quand il a donné au concessionnaire de la mine le consentement exigé par l'article 11, ou quand il est lui-même concessionnaire, de quel droit *un voisin* vient-il s'opposer aux travaux établis *chez autrui ?* Où ce droit est-il écrit ?

Ce n'est pas assurément dans l'article 11 ; cet article se borne à désigner les lieux où *la servitude* ne peut être exercée sans le consentement du propriétaire ; du propriétaire, disons-nous, et non du voisin qui ne peut rien hors de chez lui.

Si la justice n'était respectable, *même en ses erreurs*, on pourrait qualifier sévèrement la jurisprudence qui, depuis plus d'un demi-siècle, ordonne, *sur la demande d'un voisin,* en vertu de l'article 11, la suppression de l'ouverture d'un puits autorisé par le propriétaire du terrain, ou pratiqué par lui-même, chez lui.

La Cour de Lyon n'a pas voulu voir que cet article 11 ne peut être invoqué que par le propriétaire, dont la dépossession *est demandée,* ou dont la propriété *a été envahie* en vertu de la servitude pour le besoin des travaux d'exploitation de la mine.

Il est vrai que, par suite d'une erreur qui remonte au 30 août 1820, la Cour de cassation n'a cessé d'autoriser, en vertu de l'article 11, tout propriétaire d'un enclos muré ou d'une habitation, à faire supprimer *chez autrui*, sur un terrain qui ne lui appartient pas, l'ouverture d'un puits qui n'est pas à 100 mètres de distance de sa clôture ou son habitation.

Qu'une telle erreur ait été commise en 1820, cela peut se comprendre à la rigueur; mais après que la Cour de Dijon eut, dans un arrêt *remarquable* du 29 mars 1854, rendu sur la plaidoirie d'un savant avocat, de Me Sénard, du barreau de Paris, consacré les principes essentiels — de la *séparation horizontale* de la terre — de la *concession du tréfonds* sous le nom de mine — et de la *servitude à la surface*, la lumière devait être faite.

Après cet arrêt, qui aurait dû *servir de guide* à toute la jurisprudence, le promoteur de ces innovations si fécondes, M. Rey, développa les principes que venait de sanctionner la Cour de Dijon, dans un traité intitulé : *De la propriété des mines et de ses conséquences,* qui lui valut les félicitations de personnages les plus autorisés (1); mais la Cour de cassation, toutes chambres réunies, par arrêt *solennel* du 19 mai 1856, persévéra dans la fausse interprétation de la loi et confirma sa funeste jurisprudence.

La réaction fut telle, qu'un ingénieur, professeur de législation minière à l'Ecole nationale des Mines, accusa M. Rey, dans diverses publications, de *sophisme* et le traita de novateur *téméraire,* de réformateur *audacieux* et de *révolutionnaire.*

A la fin d'un article critique qu'il publia dans la *Gazette des Tribunaux* du 22 mai 1858, ce même professeur disait :

« Dominé visiblement par cette idée d'*expropriation* (tréfoncière) dont il

---

(1) M. E. Dalloz, *auteur du Répertoire de jurisprudence,* lui écrivait en 1856 :

« Des travaux comme les vôtres, fondés sur cette *expérience de chaque jour,* qui amène les convictions fortes et *persévérantes,* honorent la science... Pourquoi faut-il que de tels ouvrages, qui ne s'adressent qu'à un petit nombre de lecteurs, soient en général peu profitables à ceux qui y consacrent tant de veillés ; mais l'opinion publique leur doit un dédommagement..... »

M. Bérenger, *Président à la Cour de cassation* à la même époque, lui disait :

« Vous avez *savamment approfondi* les graves questions que soulève notre législation sur les mines. Vous aviez pour cela cet avantage sur les auteurs qui se sont occupés des mêmes matières, d'avoir *vu de près* les richesses minières que notre sol renferme, d'avoir *étudié* leur mode d'exploitation, et d'avoir pu conséquemment *mieux apprécier* que bien d'autres les difficultés que cette législation peut faire naître, et *indiquer* avec autorité la solution *à leur donner.* »

fait à tort la pierre angulaire de la loi des mines, M. Rey arrive par le sens à donner à des dispositions qui avaient toujours paru *très-nettes*, à des conclusions vraiment inattendues...

« En résumé, le curieux et intéressant ouvrage de M. Rey abonde en renseignements utiles, *mais il pèche* PAR LA BASE. »

L'opinion d'un ingénieur tout pénétré des maximes officielles devait prévaloir sur la théorie d'un auteur isolé et obscur, qui commençait par faire *table rase* des interprétations en faveur depuis plus d'un demi-siècle ; le système de M. Rey, admis un instant, fut donc condamné, et la Cour de Dijon, elle-même, revint *aux erreurs de l'opinion générale.*

Par un arrêt du 20 août 1858, elle condamna, en vertu de l'article 11, le propriétaire du sol, concessionnaire de la mine, non-seulement à supprimer l'ouverture d'un puits, *pratiqué chez lui,* dans son pré, mais à 200 francs de dommages-intérêts *envers le voisin,* par le seul motif que cette ouverture n'était pas à 100 mètres de distance de sa clôture, et cette étrange condamnation a été approuvée par la Cour de cassation le 31 mai 1859.

Néanmoins, M. Rey continua SEUL la lutte contre tant d'erreurs si souvent consacrées ; il redoubla d'efforts pour démontrer spécialement que les articles 11, 43 et 44 ne s'appliquent qu'à la *servitude des mines sur la surface du sol.*

Sur ce point, la Cour suprême dut enfin céder à la clarté des vrais principes et entrer en contradiction avec sa jurisprudence.

Voici brièvement dans quelles circonstances :

Nul ne songeait à la servitude des mines ; on croyait généralement, que les articles 43 et 44 accordaient des *indemnités doubles,* pour certains dommages (1), et les tribunaux n'étaient appelés à statuer que sur la question de savoir si la double indemnité s'appliquait aux dommages causés *par les travaux souterrains,* ou seulement aux dommages résultant des travaux établis sur la surface du sol?

---

(1) Et c'était l'opinion des plus célèbres avocats de Paris : MM. BILLAULT, CADRÈS, DUVERGIER, HORSON, MARIE, PAILLET, SÉNARD et VATIMESNIL (DE). (Voir leurs consultations délibérées séparément en 1851, dans le Traité *de la Propriété des mines,* de M. Rey, t. 2, pages 580 à 584.) Ce qui prouve encore que la législation minière est peu connue, et cependant, sans la houille, que deviendrait l'industrie, quelles ne seraient pas les souffrances du pauvre?

Cette distinction, entre deux sortes de dommages, l'un réglé au double, l'autre au simple, étant d'une absurdité évidente, la Cour de cassation la repoussait et doublait toutes les indemnités, même le prix des bâtiments endommagés par les travaux souterrains. — En ce temps-là on pouvait *doubler sa fortune ! !*

Déjà un arrêt de la Chambre civile de la Cour de cassation, du 17 juillet 1860, avait imposé ce double prix à la Compagnie des Mines de la Loire, lorsque la question fut de nouveau posée aux Chambres réunies ; M. Rey intervint officieusement, et, dans un opuscule qu'il soumit à tous les membres de la Cour, il reprit le système que la Cour de Dijon avait si vaillamment admis le 29 mars 1854.

Il démontra que les articles 43 et 44 ne règlent que l'indemnité de la servitude sur une *base à forfait ;* le double de ce qu'eût *produit net* le terrain occupé ou le double prix, *basé sur le même produit,* capitalisé au *denier vingt,* et que ce *forfait* PROTÉGE *les exploitants* contre les indemnités *à dire d'experts.*

M. Meynard de Franc, conseiller-rapporteur, dit lui-même qu'il croirait manquer à une partie de sa tâche, s'il ne rappelait « sommairement une doctrine *qui marche résolûment à la conquête de la jurisprudence.* »

L'éminent magistrat apprécia ensuite, *avec faveur,* les travaux de M. Rey devant cette grande assemblée de tous les magistrats de la Cour de cassation, et, parlant *du droit de servitude des mines sur la surface du sol,* il s'exprima ainsi :

« L'une des conséquences que M. Rey en tire pour rester dans le cercle des articles 43 et 44 de la loi de 1810, c'est que leurs dispositions, loin d'imposer *une double indemnité aux exploitants,* **sont destinées à les protéger** *contre les indemnités à dire d'experts.*

« Elles poseraient la base d'une *juste indemnité,* d'une **simple indemnité,** consistant dans *le double de ce qu'aurait* **produit net** *la parcelle du terrain* (occupé) sans nulle augmentation, ou le double prix du terrain *basé sur le même produit,* **en capitalisant le revenu au denier vingt.**

« Les tribunaux, **liés par le forfait,** ne pourraient ni *augmenter* ni *réduire* l'indemnité, selon qu'elle leur semblerait *inférieure* ou *supérieure* au préjudice. Ainsi l'a expressément jugé la Cour de Dijon le 29 mars 1854. »

Et en terminant son rapport, ce magistrat ajouta :

« Cet aperçu d'un **système élevé** et poursuivi avec autant de *conviction* que de *persévérance,* suffit au besoin de la cause ; la Cour appréciera. »

Ce système fut ensuite développé et soutenu, non par l'avocat des mines de la Loire qui, au contraire, déclara ne pas comprendre *le forfait*, mais par M. de Raynal, premier avocat-général.

Ce savant magistrat, en adoptant tout le système de M. Rey, exposé sommairement par M. le conseiller rapporteur, commença par faire remarquer à la Cour : — que l'art. 552 du Code civil *sert de base* à la loi de 1810 ; — que cette loi *sépare* **définitivement** *les deux propriétés*, — et que la servitude sur la surface du sol est indispensable à l'exploitation des mines.

« La mine, dit-il, est enclavée par la surface. On n'y peut pénétrer qu'en traversant la surface ; c'est sur la surface que doivent *s'ouvrir* les puits, qu'on *établit* les machines, qu'on *dépose* les matières extraites, qu'on *pratique* des chemins... Sous ce rapport, *la surface* **est totalement** et par la force des choses **soumise** *à une servitude* envers la mine. »

L'éloquent avocat-général démontre la nécessité *de limiter cette servitude*, et, combattant la jurisprudence de la Cour de cassation sur l'art. 11 de la loi de 1810, il dit :

« On conçoit facilement les motifs d'une telle *limitation* ; le respect du domicile la commandait ; mais de cette limitation *résulte la reconnaissance* du droit de l'exploiteur ou du concessionnaire ; il pourra, *sans le consentement du propriétaire*, faire des sondes, ouvrir des puits ou galeries, établir des machines et des magasins *sur tous les points de la surface* **qui sera libre d'habitation ou d'enclos muré.**

« Il pourra **déposséder** *le propriétaire, envahir sa propriété*, la percer, la *couvrir de constructions*, y déposer les matières extraites, et, par une conséquence forcée, y pratiquer des chemins, **sans que le propriétaire puisse s'y opposer** ; *prérogative exhorbitante* sans doute, *dure servitude*, qui se justifient cependant, puisqu'elles sont l'inévitable résultat de la nature des choses. »

Passant ensuite à l'interprétation des articles 43 et 44, et, après avoir démontré que ces articles **n'ont pas pour but** *d'indemniser au double* le propriétaire dépossédé, il dit :

« Remarquez, Messieurs, et ceci nous semble décisif, qu'il n'est pas question d'*une indemnité* **double** du dommage éprouvé. Il s'agit, chose bien différente, d'une indemnité *réglée au double du* **produit net,** ce qui ne constitue, après tout, qu'une **indemnité simple.**

« Que l'on suppose, par exemple, une vaste culture à laquelle on enlèvera un terrain qui lui est indispensable, ou une propriété formant un grand ensemble, qu'on *mutilera*, qu'on *déshonorera* par des chemins, des puits, des installations de machines et de hautes cheminées, des constructions, des dépôts de matières, même provisoires, n'est-il pas évident que le préjudice dépassera de beaucoup le chiffre de l'indemnité réglée *au double du* **produit net ?** »

Puis, après avoir démontré que les indemnités réglées d'après le droit commun, sont préférables **au double** *accordé par les articles 43 et 44,* ce magistrat termina ainsi :

« Le moment est venu, Messieurs, de rendre à la loi de 1810 **sa véritable portée** et de faire cesser *une trop longue controverse.* La doctrine que nous venons d'exposer rend à l'œuvre du législateur son harmonie; elle la concilie avec le système général de notre droit civil... nous avons donc l'espoir que vous lui donnerez votre haute sanction. »

La Cour de cassation, après un débat qui dura deux jours, a admis, le 23 juillet 1862, des principes qu'elle avait condamnés jusqu'ici, en reconnaissant enfin :

« Qu'aux termes de l'article 1149 du Code civil, les dommages-intérêts dus au créancier sont de la perte qu'il a faite ou du gain dont il a été privé ; que cette règle doit être observée toutes les fois qu'une loi spéciale ou une convention expresse n'y a pas *formellement* dérogé.

« Que les articles 43 et 44 de la loi du 21 avril 1810, n'ont eu en vue que la fixation des indemnités dues au propriétaire de la surface du sol par suite de l'OCCUPATION *temporaire* ou *définitive* des terrains sur lesquels le propriétaire de la mine *est autorisé* à établir ses travaux **en vertu de la servitude** *dont cette surface* a été nécessairemeut **grevée** *à son profit* dans un intérêt général. »

« Que les terrains *à l'usage de l'exploitation* sont les seuls que le propriétaire de la mine soit tenu d'acquérir au double de leur valeur quand, par le fait de l'occupation, le propriétaire a été privé de la jouissance de son revenu pendant plus d'une année, ou quand, après les travaux, *ils ne sont plus propres à la* **culture....**

« Que ces dispositions constituent une évidente dérogation à l'art. 1149 précité ; que, renfermées dans leur *objet,* leurs *conditions* et dans la *forme* même à employer pour les faire valoir, elles ne sauraient en être *détournées* et **servir de base** pour l'évaluation du dommage causé à la surface par les travaux souterrains.

« Que la même raison de décider ne s'applique pas aux deux espèces :

« Dans l'une, l'exploitant ne nuit au voisin qu'en *travaillant* **chez lui-même** et en tirant profit de sa propre chose.

« Dans l'autre, c'est en *travaillant* **chez autrui** qu'il lui porte préjudice ; c'est en prenant *possession* de son domaine, c'est en l'*occupant* plus ou moins de temps, **sans qu'on puisse l'empêcher,** *droit exorbitant....* »

Cet arrêt solennel reconnaît que la servitude donne le droit d'occuper la surface *sans qu'on puisse l'empêcher ! !* — Mais les vieilles routines le rendent *lettre morte,* et il en est de même de deux autres arrêts de la Cour suprême, du 18 juillet 1837 et du 3 mars 1841 (arrêt solennel) où il a été décidé :

« Que le concessionnaire d'une mine n'est pas obligé de subir la perte d'une partie de sa concession **par la création** *d'un établissement nouveau ;* — que l'art. 11 de la loi de 1810 ne peut être appliqué aux établissements **formés** *après la concession,* — et que si, nonobstant la concession d'une mine, **les droits inhérents** *à la propriété de la surface* **restent entiers,** il ne s'ensuit pas que le propriétaire de cette surface ait le droit de pratiquer **des travaux nuisibles** *à l'exploitation de la mine dans l'étendue de son périmètre.* »

Cette dernière disposition, concernant les *droits inhérents* à la surface d'une mine, étant faussement interprétée, les constructions ou autres travaux nuisibles à l'exploitation de la mine y sont autorisés par les tribunaux, et l'on ne voit pas qu'il résulte virtuellement des articles 43 et 44 de la loi précitée que cette surface *n'est propre qu'à la culture.*

En effet, l'article 43 porte que l'indemnité d'occupation :

« Sera réglée au double de ce qu'aurait *produit net* le terrain, si le sol **peut être mis en culture** au bout d'un an, *comme il était auparavant* »

Et l'article 44 dispose qu'on peut exiger l'achat des terrains :

« Lorsque *l'occupation* prive les propriétaires du sol de la jouissance *du revenu* au-delà du temps d'une année, ou lorsque, après les travaux, les terrains **ne sont plus propres à la culture.** »

Devant le Conseil d'Etat, séance du 10 octobre 1809, M. de Fourcroy, rédacteur du projet de loi de 1810, a déclaré :

« Que la concession laisse le propriétaire **jouir** *du terrain,* **le cultiver** et en prendre **la récolte** suivant les règles du droit commun. » (Locré, *législation des Mines,* pages 184 et 185.)

M. Locré, lui-même, qui, *comme secrétaire,* a assisté à la discussion de la loi et en a rédigé les procès-verbaux, nous dit :

« Le propriétaire de la surface a le droit de **l'exploiter** et de la **cultiver** comme il lui plaît. *(Même ouvrage, page 7.)*

Ainsi la loi et les documents législatifs n'accordent qu'un droit de culture sur un sol *séparé* du tréfonds et *grevé* d'une servitude partout où cette servitude peut être *légalement* exercée, et l'on arrive ainsi, non-seulement à reconnaître que l'article 11 désigne simplement les lieux exclus de la servitude, mais à la solution *des problèmes* de la loi de 1810.

Lorsque ces principes seront généralement reconnus *le plus difficile problème sera résolu*, et l'arrêt solennel ci-dessus ne sera plus lettre-morte; mais il faut que le vrai sens de l'art. 11 soit rétabli par une loi, comme il a été fait en Belgique.

Il est remarquable effectivement que la Belgique, que nous avons dotée de la loi de 1810, soit entrée la première dans la voie des réformes; par une loi du 8 juillet 1865, elle a remplacé l'art. 11 de la loi de 1810 par la disposition suivante :

« Nulle permission de recherches, ni concession de mines ne pourra, sans le consentement du propriétaire de la surface, donner le droit de faire des sondes et d'ouvrir des puits ou galeries, ni celui d'établir des machines ou magasins *dans* SES *enclos* murés, cours ou jardins, ni *dans* SES *terrains* attenant *à* SES *habitations* ou clôtures murées, dans la distance de 100 mètres desdites clôtures ou habitations. »

En outre, l'article 43 a été complété de manière à rendre impossible le retour aux erreurs passées.

Après ces réformes, le 22 février 1866, M. le garde des sceaux, ministre de la justice en Belgique, daignait écrire à M. Rey :

« J'ai l'honneur de vous faire connaître qu'une loi récente, du 8 juillet 1865, a déjà apporté en Belgique quelques modifications à la loi du 21 avril 1810, *dans le sens des principes* EXPOSÉS DANS VOTRE OUVRAGE. »

On le voit, ce n'est pas seulement à la Cour de cassation de France que M. Rey a eu l'honneur d'indiquer *la véritable interprétation* de la loi de 1810, mais aussi au législateur belge qui en a *inscrit* les principes importants *dans la loi*.

Désormais, *en Belgique*, l'article 11 ne pourra être invoqué que par le propriétaire *des lieux réservés;* lui seul, peut consentir *à l'occupation de sa propriété*.

En France, comme en Belgique, les exploitants de mines ne paieront plus *des indemnités* **doubles** pour dommages causés par leurs travaux, ni le double prix de bâtiments endommagés.

M. Rey a donc obtenu dans les deux pays la réforme d'erreurs demi-séculaires et rendu par là un immense service non-seulement aux exploitants de mines, mais à l'intérêt public; la Compagnie des Mines de la Loire a été exonérée de l'obligation d'acquérir au double prix (172,000 fr.) un corps de domaine endommagé par ses travaux souterrains et n'a payé en définitive que la simple réparation des dommages. — Mais jusque-là, que *d'injustices !!*

Et cependant, depuis ces grands changements dans la jurisprudence, — depuis vingt années que la Cour de Dijon a reconnu la séparation des deux propriétés, la concession du tréfonds et la servitude à la surface ; — depuis douze années que la Cour de cassation a consacré solonnellement ces principes, — et depuis neuf années que la Belgique a modifié les articles 11 et 43, — l'administration des mines, en France, est restée *dans le statu quo*, n'a rien tenté pour rétablir le sens de l'article 11.

Elle ne voit pas — qne les propriétaires du sol sont expropriés et grevés d'une servitude *à leur insu ;* — que les établissements nouveaux, habitations, enclos ne doivent pas *empêcher ni gêner* la servitude — et que la suppression ou la prohibition de puits *où la nécessité les exige*, prive la société d'un produit qu'elle attend chaque jour et provoque *les accidents qui se multiplient dans les mines* d'une façon désastreuse.

Tel est le déplorable état des choses présentes.

Revenons maintenant au récent arrêt de la Cour de Lyon du 21 mai 1874. Les magistrats de cette Cour, bien qu'ils n'aient pas ignoré les réformes de la jurisprudence solennelle du 23 juillet 1862 et la reconnaissance du droit de servitude des mines, n'ont pas osé se soustraire au joug de l'arrêt solennel du 19 mai 1856.

Cependant, en attendant qu'on rétablisse en France le vrai sens de l'article 11 par une loi, comme en Belgique, la Cour de Lyon ne devait-elle pas, au moins, repousser *l'odieuse demande du voisin* par une fin de non recevoir, en se déclarant incompétente d'office, plutôt que de commettre *une violation du droit de propriété ?*

Elle se fût conformée en cela à un arrêt de la Cour de cassation du 5 juin 1828 ; aux articles 7 et 8 de la loi des 27 avril et 4 mai 1838, et à une décision du Conseil d'Etat du 3 décembre 1846.

On voit qu'il ne manquait pas de bons arguments à l'appui de la thèse que M. Rey a pris respectueusement la liberté de recommander aux magistrats de la Cour de Lyon, en leur soumettant ses écrits comme il fit à la Cour de cassation, lors de l'arrêt solennel de 1862.

Rien ne devait prévaloir sur leurs scrupules.

Il est dès lors indispensable de reprendre les difficiles problèmes de la législation minière, si délaissés et si graves, et d'en inscrire la solution dans la loi.

Déjà M. Rey a rouvert la discussion — dans un commentaire — dans une pétition à l'Assemblée nationale — et dans une note soumise à la commission chargée de la révision de la loi de 1810; note contenant toutes les modifications que doit subir cette loi pour devenir facilement **intelligible** et **exécutable.**

MODIFICATIONS PROPOSÉES

I. *L'article 1er de la loi du 21 avril 1810 est remplacé par la disposition suivante :*

Les **terrains** renfermant dans leur sein des masses de substances minérales ou fossiles, ou sur lesquels il en existe à la surface, sont classés, relativement aux règles de l'exploitation de chacune d'elles, sous les trois qualifications de *mines, minières et carrières.*

II. *L'art. 2 de la même loi est remplacé par cette disposition :*

Sont considérés *comme mines les* **terrains** *connus pour contenir*, en filons, en couches ou en amas, de l'or, de l'argent, du platine, du mercure, du plomb, du fer. *(Le reste comme dans la loi de 1810.)*

III. *L'art. 7 de la loi est remplacé par cette disposition :*

L'acte de concession confère la propriété perpétuelle du **terrain tréfoncier,** *sous le nom de mine,* laquelle est, dès lors, disponible et transmissible comme tous autres biens, et dont le concessionnaire ne peut être exproprié que dans les cas et selon les formes prescrites pour les autres propriétés, conformément au Code civil et au Code de procédure civile. — Toutefois, la propriété concédée ne peut être vendue par lot ou partagée sans autorisation préalable du Gouvernement donnée dans les mêmes formes que les concessions.

La surface du **terrain concédé** *est grevée d'une servitude* pour tous les travaux de la mine, bâtiments, magasins, machines, dépôts, **chemins de fer** et autres. *(Arrêt des Chambres réunies de la Cour de cassation, du 23 juillet 1862.)*

IV. *L'art. 8 de la loi est remplacé par cette disposition :*

Les mines sont immeubles. — Sont aussi immeubles, conformément à l'art. 524 du Code civil, les bâtiments, machines, puits, galeries et autres travaux *établis à demeure en vertu de la servitude,* par les concessionnaires de mines. *(Le reste comme dans la loi de 1810.)*

V. *L'art. 11 de la loi est remplacé par cette disposition :*

Nulle permission de recherches ni concession de mines ne pourra, *sans le consentement formel du propriétaire de la surface*, **donner le droit** de faire des sondes et d'ouvrir des puits ou galeries, ni celui d'établir des machines ou magasins *dans* **ses** *enclos murés*, cours ou jardins, ni *dans* **ses** *terrains attenants* à **ses** habitations ou clôtures murées dans la distance de 100 mètres desdites clôtures ou habitations.

Toutefois, **ces restrictions** *apportées au droit de servitude des mines*, ne peuvent être appliquées aux habitations, cours ou jardins, enclos murés, ou autres établissements **créés après le concession de la mine.** *(Arrêts de la Chambre civile et des Chambres réunies de la Cour de cassation, des 18 juillet 1837 et 3 mars 1841.)*

VI. *L'art. 18 de la loi est remplacé par cette disposition :*

L'indemnité allouée au propriétaire du sol par l'art. 6 de la loi, *formant le prix du tréfonds concédé*, **est immobilisée** à la propriété de la surface, et affectée avec elle aux hypothèques des créanciers de ce propriétaire, en échange du tréfonds qui passe entre les mains du concessionnaire *purgé de leurs hypothèques.*

VII. *L'art. 19 de la loi est remplacé par cette disposition :*

Du moment où **un terrain** *sera concédé,* sous le nom de mine, même au propriétaire de la surface, la propriété de la mine sera distinguée de celle de la surface. *(Le reste comme dans la loi de 1810.)*

VIII. *La disposition suivante est ajoutée à l'art. 24 de la loi :*

Les propriétaires **des terrains** *qui sont demandés en concession* et qui seront grevés d'une servitude à la surface, devront être avertis de la demande et de cette servitude, et, par voie d'opposition, ils seront admis à réclamer leur indemnité et à solliciter des réserves, s'il y a lieu, contre la servitude.

IX. *L'art. 29 de la loi est remplacé par cette disposition :*

L'*étendue* **du terrain** *concédé* sera déterminée par l'acte de concession et limitée par des points fixes, pris à la surface du sol et passant par des plans verticaux, menés de cette surface dans l'intérieur de la terre à une profondeur indéfinie, à moins que les circonstances et les localités ne nécessitent un autre mode de limitation.

Des bornes seront plantées à la surface, à la diligence des préfets, pour fixer **les limites** de la concession et de la servitude.

X. *La disposition suivante est ajoutée à l'art. 30 de la loi :*

Il doit désigner, **par des teintes,** *les lieux réservés* **au propriétaire** et qui sont exclus de la servitude, ainsi que les *terrains soumis* à la servitude des mines **au moment de la concession.**

XI. *L'art. 31 de la loi est remplacé par cette disposition :*

Plusieurs concessions **ne** *pourront être réunies (Décret du 23 octobre 1853)* entre les mains du même concessionnaire, soit comme individu, soit comme eprésentant une compagnie, *sans une autorisation du Gouvernement*, sollicitée dans la forme des demandes en concession, et à la charge de tenir en activité l'exploitation de chacune d'elles.

XII. *L'art. 35 de la loi est remplacé par cette disposition :*

La contribution proportionnelle sera réglée, chaque année, par le budget de l'État comme les autres contributions publiques à raison de cinq pour cent du produit net des mines, et pour la perception de cet impôt, ce produit net sera évalué et fixé, après vérification des dépenses, par un comité spécial nommé et présidé par le préfet.

XIII. *La disposition suivante est ajoutée à l'art. 43 de la loi :*

Les travaux mentionnés dans ces deux paragraphes ne pourront être entrepris qu'avec le consentement du propriétaire ou avec l'autorisation du préfet, donnée *sur le vu* **d'un extrait** *du plan général de la concession*, prescrit par l'art. 30 de la loi, après avoir consulté les ingénieurs des mines et entendu le propriétaire, sans préjudice des dommages-intérêts qui pourront être dus pour d'autres causes et qui seront réglés d'après le droit commun.

XIV. *La disposition suivante est ajoutée à l'art. 44 de la loi :*

Le renvoi à la loi de 1807, titre XI, s'applique aux art. 48 et 49 de cette loi. Le prix du terrain est fixé, *valeur avant l'occupation, en capitalisant* **le produit** au denier vingt. — Le propriétaire, en vendant son terrain, perd ses droits sur la mine; mais, lorsque son terrain est encore propre à la culture, il ne peut en exiger l'achat, et, n'a droit qu'à *la moins-value.*

XV. *La disposition suivante est ajoutée à l'art. 46 de la loi :*

Les demandes en règlement d'indemnités *pour travaux* **postérieurs** à la concession, seront portées devant les juges de paix, tribunaux civils et Cours d'appel, selon l'ordre de leur compétence.

XVI. *L'art. 49 de la loi est remplacé par cette disposition :*

Si l'exploitation d'une mine est *restreinte* ou *suspendue* de manière à inquiéter **la sûreté publique** *ou les besoins des consommateurs*, les préfets, après avoir entendu les propriétaires de mines, en rendront compte aux ministres de l'intérieur et des travaux publics, et la concession pourra être révoquée (loi du 27 avril 1838).

L'obligation d'exploiter entraîne celle de livrer les produits au **prix fixé**, *chaque année*, conformément **au mode adopté** pour la fixation de l'impôt **sur le produit net** des mines.

En somme, nous proposons d'inscrire aujourd'hui dans la loi, *les définitions* que les rédacteurs du projet de 1810 *ont voulu éviter*. Dans la séance du Conseil d'État du 9 janvier 1810, présidée par l'Empereur, M. le comte Boulay, sur une observation de M. le comte Régnaud de St-Jean-d'Angély, au sujet des conséquences de la concession d'une mine pour la propriété de la surface, disait :

« Il serait prudent de s'abstenir DE TOUTES DÉFINITIONS, de n'insérer dans le projet que **les articles d'exécution.** » (Locré, page 244).

La loi, en effet, ne définit, ni la propriété minière, ni les droits de deux propriétaires sur un même terrain ; — elle ne contient que des *articles d'exécution*, et c'est en coordonnant les art. 6, 7, 8, 11, 12, 15, 17, 18, 19, 29, 30, 42, 43 et 44 qu'on découvre tous les principes fondamentaux de la législation des mines de 1810. — Mais ces articles ne sont pas rapprochés comme ils devraient l'être ; les vrais principes ne sont donc pas connus et la loi est un problème depuis plus d'un demi-siècle ! !

Le législateur, en accordant au concessionnaire d'une mine des droits exorbitants, n'a eu assurément en vue que l'intérêt public ; cette pensée est confirmée par l'art. 49 de la loi de 1810 qui impose l'obligation d'exploiter *la houille* selon les besoins des consommateurs, et, par l'instruction du 3 août 1810, qui prescrit l'exploitation « *par les moyens* LES PLUS ÉCONOMIQUES. »

Lors de la discussion de la loi de 1838, M. Sauzet, rapp., disait :

« Les mines doivent être exploitées **dans l'intérêt public** ; le con-
« cessionnaire a reçu **un dépôt** ; il doit le féconder... »

La loi exige en vain que la houille soit exploitée à bon marché dans l'intérêt public, et des abus se produisent.

Le 1er août 1873, une compagnie, dans une contrée où la concurrence n'existe pas, a envoyé une circulaire où elle dit :
« *Le prix de la houille* SERA CELUI DU COURS *du chargement.* »

Mais si ce prix était porté à un taux déraisonnable, que ferait-on ? Il faudrait payer ou se priver de ce combustible, et qu'arriverait-il, alors ? Toutes les usines par l'emploi de la houille, les industries à la vapeur et les chemins de fer seraient arrêtés ; des milliers d'ouvriers sans travail, et la société ne serait-elle pas en péril ?

Cette crainte peut être chimérique, mais, le cas arrivant, pourquoi le Gouvernement ne serait-il pas en mesure de l'empêcher par la fixation du prix de la houille ?

Cependant, quand l'autorité le juge à propos, le *pain*, la *viande* sont taxés ; pourquoi ne taxerait-on pas la houille, qui est le *pain quotidien* de l'industrie ? Cela serait d'autant plus légitime que les boulangers et bouchers n'ont pas un privilége et peuvent cesser leur commerce ; tandis que l'exploitant de mines est tenu de pourvoir aux besoins de la société, et *jouit d'un monopole,* comme les chemins de fer, en vertu de la loi.

L'assiette de cette taxe pourrait tenir compte des variations des salaires et des difficultés de l'extraction, comme il est fait chaque année pour l'impôt de 5 % *qui est perçu sur les bénéfices* (art. 35).

Le Conseil d'État, lui-même, reconnaissait par l'organe de son président, toutes les difficultés d'interprétation que la loi de 1810 soulève. M. Baroche écrivait en 1856 à M. Rey :

« L'étude de la loi du 21 avril 1810 est, comme vous le dites, LE COMPLÉMENT *de l'étude du Code civil sur la propriété,* et le Conseil d'Etat ne peut qu'accueillir avec intérêt tous les travaux qui ont pour objet cette GRAVE ET DIFFICILE MATIÈRE. »

Le ministre de la justice, M. Abbatucci, reconnaissant les mèmes difficultés, écrivait, à la même époque, de son côté :

« Il sera apprécié notamment s'il n'y aurait pas lieu d'appeler l'attention de M. le Ministre de l'instruction publique *sur la lacune* que vous croyez exister *dans l'enseignement du droit en cette matière.* »

Ces hautes approbations de la présidence du Conseil d'Etat et du ministère de la justice, démontrent la nécessité de faire enseigner, d'une façon plus spéciale, la législation des mines dans les écoles de droit, en reconnaissant que l'*étude* de la loi du 21 avril 1810 doit être le complément de l'*étude du Code civil* sur la propriété.

Mais l'enseignement de cette législation a été *impossible* jusqu'ici ; on a vu, en effet, ci-dessus, pages 2, 9 et 15, que les principes fondamentaux en sont généralement ignorés et faussement interprétés, même après *les trois arrêts solennels* de la Cour suprême de 1841, 56 et 62, et qu'une révision en est urgente pour mettre fin à une *ignorance* si préjudiciable à l'intérêt public.

Toutefois, il ne faut pas se dissimuler que cette révision *est des plus difficiles;* que la vie d'un homme n'y suffirait pas ; mais cette tâche est facile aujourd'hui, par les travaux de M. Rey et les modifications qu'il a proposées à l'Assemblée nationale.

Lyon, juillet 1874.

Impr. V⁰ Chanoine Lyon.

CAUSES DE L'IGNORANCE

DES PRINCIPES QUI RÉGISSENT

LA LÉGISLATION MINIÈRE

EN FRANCE ET EN BELGIQUE

DES MOYENS D'Y REMÉDIER

ET

PÉTITION A M. LE GARDE DES SCEAUX, MINISTRE DE LA JUSTICE

PARIS

IMPRIMERIE DE A. PARENT

RUE MONSIEUR-LE-PRINCE, 29-31.

1875

On comprendra que ce n'est pas sans une conviction profonde qu'un jurisconsulte a osé publier qu'à ses yeux la loi de 1810 sur les mines n'avait jamais reçu son véritable sens, et qu'en France comme en Belgique les tribunaux et l'administration faisaient fausse route.

Aujourd'hui, de telles paroles sont couvertes par l'autorité de la Cour de Cassation ralliée au système de ce jurisconsulte. L'administration seule résiste; le corps des mines, en dépit des révolutions de la jurisprudence, reste attaché aux anciens errements qui, en définitive, triomphent dans la pratique et perpétuent les erreurs.

En l'état des choses, l'auteur s'est adressé au gouvernement pour vaincre cette résistance puissante, et lui soumettre les services rendus par ses travaux à la cause de la justice et de l'intérêt public.

CAUSES DE L'IONORANCE

DES PRINCIPES QUI RÉGISSENT

LA LÉGISLATION MINIÈRE

EN FRANCE ET EN BELGIQUE

DES MOYENS D'Y REMÉDIER

ET

PÉTITION A M. LE GARDE DES SCEAUX, MINISTRE DE LA JUSTICE.

Après avoir, au prix de trente années de lutte contre la jurisprudence, fait consacrer définitivement, en France et en Belgique, quelques-uns des principes fondamentaux de la loi du 21 avril 1810 sur les mines, M. Rey a indiqué dans un commentaire de cette loi les causes de l'ignorance générale en cette matière et les moyens d'y remédier.

Nous venons, en quelques lignes, reprendre cette thèse si grave et la fortifier de considérations nouvelles :

La législation des mines repose sur une admirable conception ; mais la rédaction en a été laborieuse, elle a été *remaniée sept fois* durant quatre années, et la discussion devant le Conseil d'état occupa *vingt-sept séances*, du 1ᵉʳ février 1806 au 24 mars 1810 ; de là un défaut d'ensemble qui a presque effacé l'idée première et qui fut la source des plus longues erreurs.

Le projet de loi fut présenté le 13 avril suivant à la sanction du Corps législatif, par le commissaire du gouvernement qui en exposa les motifs en ces termes :

« Il est pour les Empires des époques mémorables, où le progrès des lumières, *les besoins de la Société*, le changement des mœurs, la variation des rapports commerciaux, l'intérêt *des manufactures et des arts* commandent une reconstruction entière de l'édifice des lois nationales.

« En établissant les principes de la propriété, le Code civil, art. 552, avait en quelque sorte posé la *première pierre* d'un autre monument législatif sur lequel *devait reposer le grand intérêt de l'exploitation des mines*, de ces richesses, sans cesse élaborées dans le sein de la terre, sans cesse recherchées par l'industrie, sans cesse versées dans les sociétés *pour satisfaire à ses besoins* et accroître sa prospérité...

« Les mines seront désormais une *propriété perpétuelle* disponible, transmissible quand un acte du gouvernement aura consacré cette propriété par une concession *qui règlera les droits* de celui auquel appartient la surface.

« La loi sur les mines renvoyant au droit commun, sur toutes les règles des intérêts particuliers, est débarrassée pour sa rédaction de toutes les difficultés que présentaient les exceptions multipliées.... »

Ce préambule montre comment la loi de 1810 se rattache à l'ensemble de la législation ; elle est un *appendice* à l'art. 552 du Code civil, réalise les modifications au droit de propriété, *prévues* et *réservées* par cet article en faveur des mines, et renvoie au droit commun sur toutes les règles des intérêts privés.

La loi n'est compréhensible et ses dispositions ne peuvent être interprétées logiquement que si l'on reconnaît : que la propriété d'une mine est une propriété *territoriale*, régie et garantie par le droit commun ; qu'elle se compose du *terrain tréfoncier*, séparé horizontalement de la surface, l'ancienne propriété du sol étant désormais *divisée en deux propriétés distinctes*, d'après les principes posés dans l'art. 552 du Code civil, et qu'enfin la propriété de la mine a un droit de servitude sur la surface du sol, surface qui, en dehors des lieux réservés, *n'est plus propre qu'à la culture* et reste à la disposition des travaux de la mine.

La révolution que M. Rey a introduite dans la jurisprudence peut se résumer ainsi : *Séparation horizontale de la terre*, par la concession du tréfonds, sous le nom de mines, *application du droit commun* au règlement des dommages, *plus d'indemnités doubles* et *servitude des* mines sur la surface du sol, servitude dont l'exercice *est limité par l'art. 11 de la loi de 1810* qui joue, en matière de mines, le rôle de l'art. 682 du Code civil.

De telle sorte que la propriété du sol subit un véritable *démembrement* par la séparation du tréfonds et la servitude qui lui est imposée ; la concession d'une mine n'est d'ailleurs accordée que dans l'intérêt de la société, et l'exploitation doit être dirigée de façon à pourvoir aux besoins des consommateurs (art. 49 de la loi), par les moyens les plus économiques (instruction du 3 août 1810), et les produits livrés au meilleur marché possible sous la surveillance de l'administration.

Par l'effet de la concession, l'ancien propriétaire étant présumé avoir vendu la propriété de la mine ne peut dès lors rien faire qui restreigne les droits concédés dans un intérêt social, intérêt qui peut commander même l'occupation totale de la surface.

Ces principes si simples qui résument et éclairent tous les problèmes soulevés par la loi de 1810 sont généralement ignorés et déniés par le corps des ingénieurs et les exploitants eux-mêmes.

Cependant, il y a plus de vingt ans, lorsque M. Rey (1) les mit au jour dans son traité *de la propriété des mines et de ses conséquences*, il reçut de nombreuses félicitations (voir page 22-36 de son commentaire de la loi de 1810), spécialement de M. Schneider, président du Corps législatif et propriétaire des mines du Creusot, qui, à la date du 18 mars 1856, lui écrivait ;

« Cher Monsieur, je me suis occupé de vous.... soyez bien
« assuré que je serai très-heureux de contribuer à vous faire
« obtenir une récompense que vous avez si dignement et si
« laborieusement méritée. Mille compliments affectueux et
« dévoués. — Signé : Schneider.

En ce moment, pour placer sous les yeux du gouvernement l'état de la jurisprudence, en matière de mines et le récit de luttes qu'il a soutenues contre la Cour de cassation, M. Rey vient de soumettre à M. le Garde des Sceaux ministre de la Justice une pétition apostillée par les plus éminents magistrats de cette cour et qui n'a pas seulement pour objet de poursuivre la réalisation des promesses faites à l'auteur, mais de provoquer l'examen des principes qui ont été consacrés solennellement et qui rendraient à la loi de 1810 sa véritable portée.

Voici la teneur de cette pétition :

« Monsieur le Ministre,

« Un jurisconsulte auteur de nombreux ouvrages sur la législation minière, ouvrages qui, après un demi-siè-

---

(1) A cette époque M. Rey était, depuis 1835, directeur du contentieux des établissements et mines du Creusot et de plusieurs autres compagnies de mines.

cle de variations et d'erreurs, ont mis en lumière les principes fondamentaux de cette législation que nul ne soupçonnait, et dont quelques-uns ont obtenu la sanction solennelle de la Cour de cassation, sollicite de Votre Excellence la haute distinction de la Légion d'honneur pour services rendus à la justice et à la société.

« La loi du 21 avril 1810 sur les mines était absolument incomprise ; ou ignorait que, par la concession d'une mine, il y a concesssion du tréfonds du sol et asservissement de la surface, en dehors des lieux réservés, lorsque M. Rey (Pierre) ancien avoué et ancien magistrat à Châlon-sur-Saône, émit, en 1851, cette doctrine qui fut repoussée par la Cour de cassation le 28 juillet 1852.

« Deux ans après cette publication, en 1853, M. Rey donna un autre ouvrage et conquit à ses idées la Cour de Dijon qui les sanctionna dans le remarquable arrêt du 29 mars 1854.

« Développant ensuite les principes de cet arrêt sur la séparation horizontale de la terre en deux propriétés distinctes et la servitude imposée à la propriété de la surface en faveur de la propriété souterraine, M. Rey fit un traité : *De la propriété des mines et de ses conséquences*, en deux volumes dont le premier fut publié en 1855.

« Mais la Cour de cassation maintint sa jurisprudence ; toutes chambres réunies, par décision du 19 mai 1856, elle cassa un arrêt des chambres réunies de la Cour de Dijon, et condamna ainsi d'une façon solennelle les doctrines de M. Rey.

« Malgré le respect dû aux arrêts de la Cour suprême, M. Rey eut le courage de protester contre cette décision dans le second volume de son traité de la propriété des mines (publié en 1857), et s'efforça d'en préparer la réformation.

« Mais son espoir devait être souvent déçu : le 2 décembre 1857, cette Cour cassait un autre arrêt de la Cour de Dijon et celle-ci, à bout de résistance, abandonna la doctrine de M. Rey pour revenir aux anciennes erreurs de l'opinion générale que la Cour de Nancy, toutes chambres réunies, consacra par un arrêt solennel du 7 juillet 1858.

« M. Rey resté seul ne fut pas découragé (1) ; il continua la lutte sans compter le nombre de ses adversaires et publia en 1859 un résumé de son traité.

« Cependant la Cour de cassation persévéra dans la fausse voie, et, fidèle à son système, approuva les 31 mai 1859 et 17 juillet 1860, deux arrêts de la Cour de Dijon, contraires à la théorie de M. Rey, sans apercevoir le danger ni l'injustice d'une telle jurisprudence.

---

(1) Au lendemain de l'arrêt de 1857, l'un des plus éminents magistrats de la Cour de Cassation, M. le président Bérenger écrivait à M. Rey la lettre suivante :

« Vous avez savamment approfondi les graves questions que sou-
« lève notre législation sur les mines. Vous aviez pour cela cet avan-
« tage d'avoir *vu de près* les richesses minières que notre sol ren-
« ferme, — d'avoir *étudié* leur mode d'exploitation — et d'avoir
« *pu conséquemment mieux apprécier* que bien d'autres les difficultés
« que cette législation peut faire naître et *indiquer* AVEC AUTORITÉ
« *la solution à leur donner.*

« Vous avez ainsi fait un beau travail d'une *utilité incontestable* et
« qui vous fait le plus grand honneur ; *je ne puis assez vous en féli-*
« *citer.* »

L'appréciation de M. Bérenger devait être quelques années plus tard celle la Cour de Cassation tout entière.

« M. Rey, non moins attaché à son système, ne s'avoua pas vaincu ; il lutta toujours et soumit à la Cour suprême, en 1862, un opuscule du *droit de servitude des mines*, alors qu'une importante affaire revenait devant les Chambres réunies.

« Mais, cette fois, justice lui fut rendue ; l'éminent magistrat chargé du rapport, M. Meynard de Franc, analysant les travaux de M. Rey, s'exprima ainsi :

« Nous avons pensé que ce serait peut-être manquer à une partie
« de notre tâche que de ne pas rappeler sommairement *une doctrine*
« *qui marche résolument* A LA CONQUÊTE DE LA JURISPRUDENCE....

« L'opuscule de M. Rey, qu'une grande fermeté de déduction
« signale au milieu des *études incessantes*, dont une *louable émulation*
« s'efforce depuis quelque temps *d'éclairer la solution* DES PROBLÈMES
« JUDICIAIRES en matière de mine, arbore pour point de départ de
« sa théorie : *le droit de servitude des mines sur la surface du sol....* »

« Et après un exposé succint de cet théorie, ce magistra ajouta :

« Cet aperçu d'un SYSTÈME ÉLEVÉ et poursuivi avec autant de
« conviction que de persévérance *suffit aux besoins de la cause.* »

« Ce fut un grand honneur pour M. Rey d'entendre son nom et ses travaux cités avec éloges par le magistrat rapporteur, devant toute la Cour de cassation réunie en audience solennelle.

Cette partie du rapport suffit à caractériser la doctrine de M. Rey et proclamait d'avance le succès qui devait la couronner « *la conquête de la jurisprudence.* »

M. de Raynal premier avocat général, développant à son tour toute la théorie du droit de servitude des mines sur la surface du sol, dit en terminant ses conclusions :

« Le moment est venu de rendre à la loi de 1810 *sa véritable portée*
« et de faire cesser une trop longue controverse.... »

« La Cour de cassation, cédant à la parole convaincante de ce savant magistrat, adopta la théorie du *droit de servitude des mines* sur la surface du sol, avec toutes ses conséquences et réforma sa jurisprudence par arrêt solennel du 23 juillet 1862.

« Après ce mémorable arrêt, le 18 novembre 1863, la Cour suprême sur les conclusions conformes de M. Raynal, confirmait la théorie de M. Rey, *en cassant un arrêt de la cour de Dijon*, qui avait repoussé cette théorie après l'avoir adoptée dans plusieurs de ses arrêts, et cette Cour ne pourra y revenir, pour se conformer à la *jurisprudence définitive* de la Cour de cassation, qu'en changeant *une troisième fois sa jurisprudence*.

« M. Rey continuant ses publications en Belgique même après la nouvelle jurisprudence, reçut en réponse le 22 février 1866, de M. Bara, garde des sceaux, ministre de la Justice belge, cet avis :

« J'ai l'honneur de vous faire connaître qu'une loi récente du « 8 juillet 1865 a déjà apporté en Belgique quelques modifications « à la loi du 21 avril 1810 sur les mines, DANS LE SENS DES PRINCIPES « *exposés dans votre ouvrage.* »

« Ainsi, non-seulement la France, mais la Belgique rendent hommage aux mêmes travaux.

« Mais que d'erreurs et d'injustices *pendant un demi-siècle,* dans les deux pays.

« Enfin, pour en éviter le retour et compléter son œuvre, M. Rey a fait un commentaire de la loi du 21 avril 1810 qu'il a publié en 1870

« Tels sont, Monsieur le Ministre, les titres de M. Rey à la récompense qu'il sollicite de Votre Excellence, il est permis de croire que ce rapide exposé l'aura éclairée sur l'importance du service qu'il a rendu, en indiquant *la véritable portée* de la loi de 1810 sur les mines.

Cet exposé révèle bien clairement l'ignorance générale; en effet, quelle preuve plus solide que cette contradiction flagrante de l'arrêt solennel du 23 juillet 1862 avec un autre arrêt solennel du 19 mai 1856, par lequel la Cour de cassation a consacré *définitivement* une fausse interprétation de l'art. 11 de la loi de 1810, et les variations de la Cour de Dijon qui, trois fois, change de jurisprudence sur la même question ?

Les faits consignés dans cette pétition parlent d'eux-mêmes ; ils trouveraient au besoin leur confirmation dans les apostilles, par lesquelles *trois des plus éminents magistrats* de la Cour de cassation ont bien voulu la recommander à une haute sollicitude.

M. le président de Raynal s'exprime ainsi :

« J'atteste que j'ai eu souvent l'occasion, surtout comme avocat général près la chambre civile de la Cour de cassation, d'examiner et de discuter des affaires considérables qui touchaient à l'interprétation de la loi du 21 avril 1810 sur les mines, j'ai donc pu, mieux qu'un autre *apprécier les travaux* de M. Rey et j'ai reconnu et souvent déclaré *combien ils avaient rendu de services pour éclairer la jurisprudence* sur cette importante matières des mines, ainsi que le dévouement et la persévérance avec lesquels il a poursuivi *les meilleures solutions de questions délicates.*

« J'estime donc que la distinction honorifique qu'il sollicite est *éminemment méritée* et je recommande autant que je le puis sa demande à l'intérêt de M. le Garde des Sceaux.

Paris le 14 février 1875. — Signé : L. DE RAYNAL, *président à la Cour de cassation.* »

M. le premier avocat-général Blanche :

« Je soussigné, suis heureux d'attester que, pendant mes vingt années de service près la cour de cassation, j'ai trouvé souvent de *très-bons conseils* dans les ouvrages publiés par M. Rey.

« J'estime que ce jurisconsulte, à raison *des services qu'il a rendus* aux hommes de sciences et de pratique et à la jurisprudence, est digne de la faveur qu'ill sollicite du Gouvernement.

Paris 16 février 1875. — Signé A. BLANCHE, *premier avocat général à la cour de cassation.* »

M. l'avocat-général Reverchon :

« Je soussigné déclare m'associer d'autant plus volontiers au témoignage de M. le président de Raynal et de M. le premier avocat général Blanche, que j'ai eu plus d'une fois, comme avocat au Conseil d'Etat et à la Cour de cassation, l'occasion, d'étudier et d'apprécier les ouvrages de M. Rey dans lesquels j'ai trouvé les plus utiles secours pour interpréter la loi sur les mines.

« Paris le 18 février 1875. — Signé REVERCHON, *avocat général à la cour de cassation.* »

Il est impossible d'attester d'une façon plus honorable le mérite des ouvrages publiés par M. Rey. Ces éminents magistrats affirment que les ouvrages de cet auteur ont éclairé la jurisprudence, qu'eux-mêmes, dans l'exercice de leur fonction, ont eu souvent l'occasion de les consulter avec fruit, qu'ils y ont trouvé d'utiles secours pour interpréter la loi du 21 avril 1810, et ils déclarent enfin que M. Rey, à raison des services qu'il a rendus aux hommes de science et à la justice, a *éminemment mérité* la décoration de la Légion d'honneur.

Ces conclusions émanant de la plus haute magistrature de France ont une importance qui n'échappera à personne ; elles s'appuient du reste *sur ce fait si remarquable* que les travaux de M. Rey, *cités d'office* par le magistrat rapporteur, devant toute la Cour de cassation réunie en audience solennelle, *ont servi de guide* à cette Cour pour réformer sa jurisprudence et rétablir le sens de la loi de 1810, et que le législateur en Belgique s'en est également inspiré pour modifier la même loi.

Malgré l'effort de ces hautes initiatives et la nécessité si claire des changements profonds, *la routine* et *l'ignorance* se perpétuent; le corps des ingénieurs des mines est opposé aux réformes proposées par M. Rey et s'en tient encore à l'opinion publiée par l'un d'eux, M. Lamé-Fleury, professeur de législation minière à l'Ecole nationale des mines, à savoir que cet auteur n'était qu'un *sophiste*, un novateur *téméraire*, réformateur *audacieux* et *révolutionnaire*.

Les exploitants des mines, préférant l'état des choses actuel, quelque précaire qu'il soit, font cause commune avec les ingénieurs ; de telle façon que, sans l'initiative de deux éminents magistrats de la Cour suprême (M. Meynard de Franc et M. de Raynal), les travaux de M. Rey seraient restés dans l'ombre, annihilés par la ligue des amours-propres et des intérêts.

Cette ligue a tout au moins réussi à en empêcher l'application pratique. Aucune injustice n'a été réparée : les propriétaires du sol sont expropriés à leur insu et sans indemnité ; ils sont en outre grevés d'une servitude, ignorant leur droit d'opposition, soit pour réclamer l'indemnité de leur *expropriation tréfoncière*, soit pour solliciter des réserves contre la servitude même qui leur est imposée en vue de l'établissement des travaux.

Parfois des catastrophes se produisent qui dérivent de la fausse interprétation donnée, en France, à l'art. 11 de la loi de 1810, interprétation prohibant arbitrairement les puits *d'exploitation, d'aérage* et de *sauvetage*.

L'industrie et les classes pauvres gémissent de la cherté de la houille si aggravée par les gênes injustement imposées à l'exploitation, et tant de maux dérivent d'une source unique : l'ignorance de la loi ! C'est là le danger et c'est l'œuvre de l'enseignement de le combattre.

Aujourd'hui la voie est ouverte et les études de la jeunesse ont une base certaine ; les principes d'interprétation de la loi de 1810, développés dans le commentaire publié par M. Rey en 1870, consacrés par la jurisprudence solennelle de la Cour de Cassation de France et par une loi en Belgique, peuvent être proposés pour guide aux maîtres comme aux élèves.

Nous appelons l'attention de MM. les Ministres de l'Instruction publique de France et de Belgique sur un objet si digne de leur haute sollicitude.

En somme, l'ignorance des principes de la loi nous a placés dans une véritable impasse. Tandis que l'arrêt solennel du 23 juillet 1862 a consacré *un droit de servitude* que l'article 11 vient naturellement *limiter* en faveur de la propriété asservie, l'arrêt solennel du 19 mai 1856 applique encore le bénéfice de cette disposition à la propriété voisine.

Au point de vue doctrinal, la contradiction est flagrante et absurde ; au point de vue pratique, c'est l'arrêt de 1856 qui l'emporte et qui, permettant d'*interdire* tous travaux de mines, *puits d'aérage* ou de *sauvetage*, magasins, etc... sur le terrain d'autrui jusqu'à 100 mètres de distance d'un enclos muré, ou d'une habitation, *paralyse la concession* au mépris d'un droit sacré et *rend plus fréquents les accidents terribles* qu'engendre l'aération insuffisante des galeries.

La situation est donc intolérable ; la Belgique en est sortie en consacrant par la loi du 8 juillet 1865 le système de M. Rey. Quand le gouvernement français prendra-t-il un parti ?

Juillet 1875.

TABLE DES DOCUMENTS RAPPORTÉS DANS CET ÉCRIT.

OUVRAGES

SUR

LA LÉGISLATION DES MINES

Publiés de 1835 à 1874

Par M. REY,

Ancien avoué et ancien directeur du contentieux de grandes
Compagnies des Mines du Centre de la France, entr'autres du
Creusot et de Blanzy (Saône-et-Loire).

1° Divers mémoires et opuscules sur des questions contentieuses (1835 à 1850).

2° Opuscule sur la servitude des mines (1851).

3° Examen de la propriété des mines (1853).

4° Traité de la propriété des mines et de ses conséquences, en deux volumes (1855-1857).

5° Résumé du traité précédent (1859).

6° Traité du droit de servitude des mines sur la surface du sol (1862).

7° Opuscule sur la nécessité de compléter l'enseignement de la loi de 1810 dans les Écoles de droit (1865).

8° Commentaire de la loi du 21 avril 1810 sur les mines, d'après la dernière jurisprudence solennelle de la Cour de cassation et la loi intervenue en Belgique, sur les articles 11 et 43 de la loi précitée (1870).

9° Opuscule sur la rareté et la cherté de la houille (1873).

10° Opuscule sur les modifications à introduire dans la loi de 1810 (1874).

S'ADRESSER A L'AUTEUR, QUAI ST-VINCENT.

A LYON

OBSERVATIONS

Il résulte de ces trois opuscules que le Gouvernement se refusant à suivre l'heureuse initiative du législateur belge, contribue à perpétuer en France l'ignorance des vrais principes de la législation minière, entrave la récente jurisprudence de la Cour de cassation, méconnait le droit de propriété, sacrifie l'intérêt public à l'intérêt privé, et compromet souvent la sécurité du travail dans les mines.

C'est en vain que, depuis plus de trente années, M. Rey démontre que l'ignorance de la législation des mines dérive de l'omission, dans l'enseignement du Code civil, des développements de l'art. 552, et c'est à tort qu'on appelle l'attention de M. le Ministre des travaux publics sur cette lacune, qu'il ne lui appartient pas de combler.

(Voir, page 12 du 2ᵉ opuscule, les modifications proposées à la loi de 1810, pour la mettre à la portée de tous.)

378. — Impr. V CHANOINE, 10, place de la Charité, Lyon.